AF358189

VENTE DU SAMEDI 1er DÉCEMBRE 1906

HOTEL DROUOT, SALLE N° 7

à deux heures

ANCIENNES PORCELAINES

DE CHINE

PORCELAINES ET FAIENCES

VARIÉES

EXPOSITION PUBLIQUE

LE VENDREDI 30 NOVEMBRE 1906

DE 1 HEURE 1/2 A 5 HEURES 1/2

COMMISSAIRE-PRISEUR	EXPERTS
Me PAUL CHEVALLIER	MM. MANNHEIM
10, rue de la Grange-Batelière, 10	7, rue Saint-Georges, 7

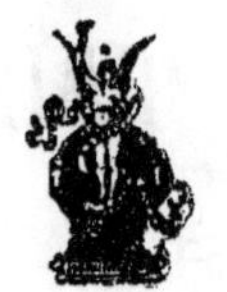

CONDITIONS DE LA VENTE

Elle sera faite au comptant.

Les adjudicataires paieront *dix pour cent* en sus des enchères.

Imprimerie de l'Art, E. Moreau et Cie, 41, rue de la Victoire. — Paris.

DÉSIGNATION

FAIENCES, OBJETS DIVERS

1 à 3 — Neuf pièces : assiettes et compotiers avec fruits. Faïences variées. (Seront divisées.)

4 — Deux beurriers, forme fruits, dont l'un sur plateau fixe ; faïence et porcelaine.

5 — Autre analogue, en faïence.

6 — Quatre plateaux, forme feuilles. Faïence.

7 — Groupe de fruits en ancienne faïence hollandaise.

8 — Fruit en faïence.

9 — Beurrier, forme botte d'asperges. Faïence.

10 — Deux beurriers, forme grappes de raisin. Ancienne faïence hollandaise.

11 — Plat contenant des grappes de raisin. Même faïence.

12 — Vase surbaissé, les huit immortels, en ancienne terre vernissée de la Chine

13 — Six pièces variées en ancienne terre vernissée de la Chine.

14 — Statuette de personnage en grès noir de la Chine.

15 — Cornet flambé en grès de Chine.

16 — Plateau ovale en bois, incrusté de nacre. Travail du Tonkin.

17 — Autre analogue, de forme rectangulaire. Même travail.

18 — Petite carpette orientale, fond rouge, motifs géométriques.

PORCELAINES DE CHINE
ET AUTRES

19 — Petit groupe de deux oiseaux. Ancienne porcelaine de Hœchst.

20 — Deux potiches avec couvercles en porcelaine, à décor de style chinois : lambrequins, fleurs et ustensiles.

21 — Groupe de fruits en ancienne porcelaine de Chine.

22 — Coq en porcelaine de Chine émaillée bleu turquoise.

23 — Deux petits vases quadrilatéraux : fleurs et attributs. Ancienne porcelaine de Chine, époque Kien-lung.

24 — Panse de cornet en ancienne porcelaine de Chine : rochers et fleurs en bleu.

25 — Petit vase rouleau: paysages animés. Ancienne porcelaine de Chine.

26 — Deux petits vases: personnages. Ancienne porcelaine de Chine, époque Kien-lung.

27 — Brûle-parfums tripode en porcelaine de Chine émaillée bleu turquoise.

28 — Petit vase en ancien grès de la Chine, feuillages sur fond bleu turquoise.

29 — Statuette de Kouan-in en porcelaine de Chine.

30 — Figurine de mendiant en ancienne porcelaine de Chine émaillée sur biscuit.

31 — Coupe, en forme de feuille d'eau, en ancienne porcelaine flambée de Chine.

32 — Petit vase marbré en ancienne porcelaine de Chine.

33 — Petite bouteille, ornée d'un lézard, en ancien céladon gris de la Chine. Epoque Kien-lung.

34 — Petit vase en ancienne porcelaine de Chine: paysage montagneux en bleu sur fond gris bleuté.

35 — Deux statuettes de Chinois accroupis en ancienne porcelaine de Chine. Epoque Kien-lung.

36 — Deux petits chandeliers, formés d'un personnage, émaillé bleu, en ancienne porcelaine de Chine.

37 — Petit vase marbré, orné d'un oiseau, en ancienne porcelaine de Chine.

38 — Deux coqs émaillés marron en porcelaine de Chine.

39 — Gourde marbrée en ancienne porcelaine de Chine.

40 — Petit vase quadrilatéral : scènes familiales. Ancienne porcelaine de Chine, époque Kien-lung.

41 — Deux vases à petites anses en ancienne céladon gris de la Chine. Époque Kien-lung.

42 — Statuette de Kouan-in en ancienne porcelaine de Chine, émaillée sur biscuit en bleu et violet.

43 — Deux petites potiches : fleurs sur fond vert. Ancienne porcelaine de Chine, époque Kien-lung.

44 — Statuette de femme debout en ancienne porcelaine de Chine. Époque Kien-lung.

45 — Statuette de Chinois debout en ancienne porcelaine de Chine. Époque Kien-lung.

46 — Coupe libatoire tripode en ancien céladon bleu turquoise de la Chine.

47 — Deux boîtes rondes : personnages et quadrillés. Ancienne porcelaine de Chine.

48 — Petit encrier, formé d'un personnage étendu. Ancienne porcelaine de Chine, époque Kien-lung.

49 — Petit groupe : personnage assis, accompagné de deux autres. Ancien céladon bleu turquoise de la Chine.

50 — Deux figurines variées en ancienne porcelaine de Chine.

51 — Bouteille en ancien céladon gris, gaufré sous couverte, de la Chine.

52 — Bouteille, décor d'ustensiles en bleu. Ancienne porcelaine de Chine.

53 — Oiseau en ancien céladon gris de la Chine.

54 — Figurine de personnage, assis auprès d'un tronc d'arbre, en ancien biscuit de la Chine.

55 — Coupe, sur piédouche, en ancien céladon bleu turquoise de la Chine.

56 — Coupe coquille en ancienne porcelaine flambée de la Chine.

57 — Coupe sur trois petits pieds, rinceaux et oiseaux. Ancienne porcelaine de Chine, époque des Ming.

58-59 — Six bols variés en ancienne porcelaine de la Chine. (Seront divisés.)

60 — Deux pitongs hexagones : personnages. Ancienne porcelaine de Chine, époque Kien-lung.

61 — Vase quadrilatéral : branches fleuries, sur fond gris. Ancienne porcelaine de Chine, époque Kien-lung.

62 — Petite coupe, placée auprès d'un tronc d'arbre, et ornée d'un personnage. Ancien biscuit de la Chine.

63 — Potiche, décorée de plantes aquatiques, en ancienne porcelaine de Chine. Epoque des Ming.

64 — Deux gourdes-appliques variées, décor en bleu. Ancienne porcelaine de Chine, époque des Ming.

65 — Deux vases cylindriques, carrelés bleu, en ancienne porcelaine de Chine.

66 — Potiche : plantes aquatiques en bleu. Ancienne porcelaine de Chine, époque des Ming.

67 — Figurine de Kouan-in dans un rocher. Ancienne porcelaine de Chine émaillée sur biscuit.

68 — Vase en ancien céladon bleu turquoise de la Chine.

69 — Bouteille, simulant une feuille de lotus, en ancien céladon gris de la Chine.

70 — Potiche ; oiseau et grosses fleurs, en ancienne porcelaine de Chine. Epoque Kien-lung.

71 — Deux potiches : fleurs et insectes sur fond gris. Ancienne porcelaine de Chine, époque Kien-lung.

72 — Deux perruches en porcelaine de Chine, bleu turquoise.

73 — Vase côtelé à anses lézards, dragons en bleu. Ancienne porcelaine de Chine, époque des Ming.

74 — Coupe sur piédouche, émaillée vert. Ancienne porcelaine de Chine.

75 — Vase émaillé bleu empois. Ancienne porcelaine de Chine.

76 — Deux vases-rouleaux à sujet de guerriers, en porcelaine de Chine.

77 — Potiche, jeux d'enfants, ancienne porcelaine de Chine époque des Ming.

78 — Grand vase-balustre, branches en bleu. Ancienne porcelaine de Chine.

79 — Grand vase-balustre, à rinceau, en blanc sur fond bleu. Ancienne porcelaine de Chine, époque des Ming.

80 — Pitong, insectes sur fond jaune. Ancienne porcelaine de Chine, époque Kien-lung.

81 — Vase hexagone en ancien céladon fleuri de la Chine.

82 — Bouteille en ancienne porcelaine flambée de la Chine. Époque Kien-lung.

83 — Statuette : le dieu de l'écriture, base, tête de dragon. Ancienne porcelaine de Chine émaillée sur biscuit.

84 — Deux potiches : oiseaux et fleurs en bleu. Ancienne porcelaine de Chine.

85 — Potiche : ustensiles en bleu. Ancienne porcelaine de Chine.

86 — Vase émaillé foie de mulet. Ancienne porcelaine de Chine.

87 — Brûle-parfum rectangulaire, décor de dragons. Ancienne porcelaine bleu turquoise de la Chine.

88 — Deux figures-appliques, femmes couchées, en ancienne porcelaine de Chine.

89 — Deux statuettes du dieu de l'écriture, sur bases têtes de dragons. Ancienne porcelaine de Chine, époque Kien-lung.

90 — Deux chiens en ancienne porcelaine blanche de la Chine.

91 — Cache-pot, décoré de feuilles. Ancienne porcelaine de Chine, époque Kien-lung.

92 — Grand vase-balustre hexagone, décor bleu. Ancienne porcelaine de Chine.

93 — Vase surbaissé, émaillé vert camélia. Ancienne porcelaine de Chine.

94 — Trois petits plats creux : branches fleuries. Ancienne porcelaine de Chine.

95 — Coupe lotus, ancien céladon bleu turquoise de Chine.

96 — Plat creux : scène familiale. Ancienne porcelaine de Chine, époque des Ming.

97 — Deux cache-pots ovoïdes en ancien céladon gris verdâtre de la Chine.

98 — Brûle-parfum tripode en ancien céladon gris verdâtre de la Chine.

99 — Vase-balustre hexagone, à nervures, décor de lambrequins. Ancienne porcelaine de Chine.

100 — Vase surbaissé : oiseaux et fleurs, fond bleu. Ancienne porcelaine de Chine émaillée sur biscuit, époque des Ming.

101 — Vase, forme cloche, émaillé bleu. Ancienne porcelaine de Chine.

102 — Deux potiches : rinceaux et oiseaux, en porcelaine de Chine.

103 — Cornet : rochers et fleurs, en bleu. Ancienne porcelaine de Chine.

104 — Jardinière en ancien céladon gris verdâtre de la Chine.

105 — Brûle-parfum tripode. Ancienne porcelaine flambée de la Chine.

106 — Rocher en ancienne porcelaine émaillée bleu turquoise de la Chine.

107 — Pot à gingembre : dragons. Ancienne porcelaine de Chine, époque des Ming.

108 — Bouteille : fleurs en bleu sur fond gris bleuté. Ancienne porcelaine de Chine.

109 — Jardinière ronde : rinceaux. Porcelaine de Chine.

110 — Deux crapauds en porcelaine de Chine émaillée bleu turquoise.

111 — Sucrier : rinceaux fleuris. Ancienne porcelaine de Chine.

112 — Deux figurines de Poussah émaillées vert. Ancienne porcelaine de Chine.

113 — Grosse potiche, décor de médaillons de dragons. Ancienne porcelaine de Chine, époque des Ming.

114 — Trois coupes libatoires variées en ancienne porcelaine de Chine.

115 — Jardinière : feuilles en relief, fond violet. Ancienne porcelaine de Chine émaillée, sur biscuit.

116 — Petite jardinière flambée bleu. Ancienne porcelaine de Chine.

117 — Boîte surmontée d'un chien de Fô, émaillée bleu turquoise. Ancienne porcelaine de Chine.

118 — Statuette de personnage assis en ancienne porcelaine de Chine. Epoque Kien-lung.

119 — Deux perruches, émaillées vert, en ancienne porcelaine de Chine.

120 — Statuette de personnage debout en ancien blanc de Chine.

121 — Groupe, de deux personnages en ancienne porcelaine de Chine, famille rose.

122 — Groupe de deux personnages : les Ho-Ho, en ancienne porcelaine flambée de la Chine.

123 — Tabouret-tonnelet, émaillé bleu, en ancienne porcelaine de Chine.

124 — Deux petites jardinières quadrilatérales en ancienne porcelaine de Chine.

125 — Petite jardinière octogone en ancienne porcelaine de Chine.

126 — Deux perruches émaillées en couleurs. Porcelaine de Chine.

127 — Petite boîte, décor d'oiseaux. Ancienne porcelaine du Japon.

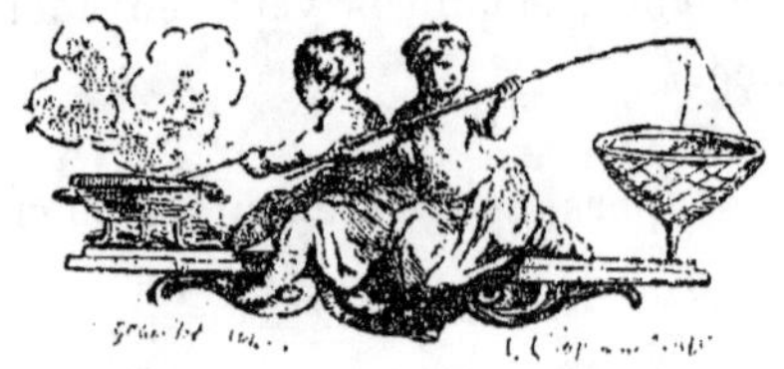